INTRODUZIONE

Perché la gestione del tempo è cruciale per i freelance

Il valore del tempo per un freelance

Il tempo è la risorsa più preziosa per un freelance. A differenza di un impiegato tradizionale, che ha orari fissi e uno stipendio garantito, un libero professionista deve bilanciare il lavoro con la gestione amministrativa, il marketing, la formazione e la vita personale. Ogni minuto speso male equivale a una perdita di produttività e, di conseguenza, di guadagni.

Molti freelance faticano a mantenere un equilibrio tra lavoro e vita privata. Le distrazioni, le scadenze strette e il sovraccarico di compiti possono portare a stress, affaticamento e, nel peggiore dei casi, burnout. Per questo motivo, imparare a gestire il tempo in modo efficace non è solo utile, ma essenziale per il successo e il benessere personale.

Perché la gestione del tempo è una sfida?

La libertà di organizzare la propria giornata è uno dei vantaggi principali del lavoro freelance, ma può anche trasformarsi in un'arma a doppio taglio. Senza una struttura chiara, le giornate possono diventare caotiche e poco produttive. Alcune delle sfide più comuni includono:

- **Procrastinazione:** Rimandare i compiti importanti a favore di attività meno impegnative.
- **Mancanza di confini:** La difficoltà nel separare il tempo lavorativo da quello personale.
- **Sovraccarico di lavoro:** Accettare troppi progetti senza un piano chiaro.
- **Gestione delle distrazioni:** Email, social media,

telefonate e altre interruzioni possono spezzare il flusso di lavoro.

. **Difficoltà nel dare priorità ai compiti:** Senza una chiara gerarchia delle attività, si rischia di concentrarsi su ciò che è urgente invece di ciò che è veramente importante.

Benefici di una gestione efficace del tempo

Implementare strategie di gestione del tempo porta numerosi vantaggi:

. **Maggiore produttività:** Lavorare in modo più efficace significa completare i progetti più rapidamente e con maggiore qualità.

. **Aumento dei guadagni:** Utilizzando meglio il tempo, è possibile gestire più clienti o aumentare il valore del proprio lavoro.

. **Migliore equilibrio tra vita e lavoro:** Una buona organizzazione aiuta a evitare il lavoro eccessivo e a dedicare più tempo alle attività personali.

. **Riduzione dello stress:** Sapere cosa fare e quando farlo riduce l'ansia legata alle scadenze e agli imprevisti.

Cosa aspettarsi da questo eBook

Questo eBook è pensato per offrire ai freelance una guida pratica e concreta sulla gestione del tempo. Non si tratta di un manuale teorico, ma di una raccolta di strategie, strumenti e storie di successo di altri freelance che hanno migliorato la loro produttività e qualità della vita.

Nei prossimi capitoli, scoprirai:

1. **Come identificare le priorità**, per concentrarti sugli aspetti più importanti del tuo lavoro.

2. **Quali strumenti e app possono semplificare la tua organizzazione** e renderti più efficiente.

3. **Tecniche di gestione del tempo** comprovate, come il

Metodo Pomodoro e la Tecnica di Eisenhower.

4. **Strategie per evitare il burnout**, imparando a riconoscere i segnali di sovraccarico e a prevenirlo.

5. **Un piano d'azione di 7 giorni**, che ti guiderà passo dopo passo nell'implementare le strategie apprese.

Se sei pronto a trasformare il tuo modo di lavorare e a prendere il controllo del tuo tempo, iniziamo questo viaggio insieme!

Capitolo 1: Identificare le Priorità

Perché stabilire le priorità è essenziale

Uno degli errori più comuni tra i freelance è affrontare le attività quotidiane senza una chiara gerarchia di priorità. Spesso ci si ritrova a gestire compiti urgenti ma non importanti, mentre quelli che realmente contribuiscono alla crescita del business vengono rimandati.

Imparare a distinguere tra ciò che è urgente e ciò che è importante è il primo passo per migliorare la gestione del tempo. Senza una strategia chiara, si rischia di cadere nella trappola del "lavoro reattivo", ovvero rispondere continuamente alle richieste senza mai concentrarsi su obiettivi a lungo termine.

Il principio di Eisenhower: Urgente vs. Importante

Il **Principio di Eisenhower** è uno dei metodi più efficaci per stabilire le priorità. Il concetto si basa sulla suddivisione dei compiti in quattro quadranti:

1. **Urgente e importante:** attività che richiedono attenzione immediata, come scadenze imminenti o problemi critici.

2. **Importante ma non urgente:** compiti che contribuiscono al successo a lungo termine, come la pianificazione strategica e lo sviluppo delle competenze.

3. **Urgente ma non importante:** attività che possono essere delegate, come rispondere a email di routine.

4. **Non urgente e non importante:** distrazioni che dovrebbero essere eliminate o ridotte al minimo, come i social media.

Applicando questo metodo, i freelance possono concentrarsi su ciò che realmente porta valore al loro lavoro, anziché farsi sopraffare dalle urgenze quotidiane.

La regola del 80/20: Il principio di Pareto

Un altro strumento utile per stabilire le priorità è il **Principio di Pareto**, noto anche come regola del 80/20. Questa teoria afferma che l'80% dei risultati deriva dal 20% delle attività. In pratica, significa che identificando e concentrandosi sulle attività più produttive, è possibile ottenere maggiori risultati con meno sforzo.

Per applicare il Principio di Pareto alla gestione del tempo:

- Analizza quali attività generano la maggior parte dei tuoi guadagni o risultati.
- Identifica i clienti o i progetti più redditizi e focalizzati su di essi.
- Riduci il tempo speso su compiti che non aggiungono valore significativo al tuo lavoro.

Strumenti pratici per definire le priorità

Per aiutarti a stabilire le priorità in modo efficace, puoi utilizzare strumenti come:

- **Matrice di Eisenhower:** Una semplice tabella per classificare le attività in base all'urgenza e all'importanza.
- **To-Do List con priorità:** Elenca le attività giornaliere assegnando un livello di priorità a ciascuna.
- **Kanban Board (Trello, Asana):** Un metodo visivo per organizzare e monitorare le attività in corso.

Utilizzando questi strumenti, potrai avere una visione chiara di ciò che è davvero importante e ottimizzare il tuo tempo per massimizzare la produttività.

Nel prossimo capitolo, esploreremo gli strumenti e le app più efficaci per aiutarti a gestire il tuo tempo in modo efficiente.

Capitolo 2: Strumenti e App Utili

L'importanza della tecnologia nella gestione del tempo

Nel mondo digitale di oggi, esistono numerosi strumenti che possono aiutare i freelance a organizzare il proprio lavoro, aumentare la produttività e ridurre le distrazioni. Saper sfruttare la tecnologia in modo strategico può fare la differenza tra una giornata produttiva e una passata a rincorrere le scadenze.

Gli strumenti digitali permettono di:

- **Automatizzare compiti ripetitivi**, riducendo il tempo sprecato in attività amministrative.
- **Migliorare la pianificazione**, consentendo di organizzare progetti e scadenze in modo più efficiente.
- **Monitorare l'uso del tempo**, aiutando a identificare aree di miglioramento.
- **Ridurre le distrazioni**, grazie a strumenti di gestione delle notifiche e del focus.

Le migliori app per la gestione del tempo

Strumenti per la pianificazione e la gestione dei progetti

1. **Trello e Asana**

   Trello e Asana sono tra i migliori strumenti per organizzare il lavoro in modo visivo. Con Trello, puoi creare bacheche con liste di attività, mentre Asana permette di gestire progetti più complessi, assegnando compiti a diversi collaboratori.

   Come usarli efficacemente:

   - Crea una bacheca per ogni progetto.
   - Suddividi le attività in colonne (da fare, in corso, completato).
   - Assegna scadenze e priorità a ogni attività.

2. **Notion e Evernote**

   Se hai bisogno di prendere appunti, salvare idee o organizzare documenti, Notion ed Evernote sono due opzioni eccellenti. Notion combina note, database e tabelle in un unico strumento, mentre Evernote è più focalizzato sulla raccolta e gestione delle informazioni.

Come usarli:

- Organizza i tuoi appunti per categorie (idee, progetti, clienti, risorse).
- Crea template per le tue attività ripetitive.
- Integra link e immagini per avere tutto a portata di mano.

Strumenti per la gestione delle attività quotidiane

3. Todoist

Todoist è un'app semplice ed efficace per la gestione delle to-do list. Puoi creare attività, impostare scadenze e priorità, e suddividere i progetti in sotto-attività.

Funzionalità utili:

- Creazione di task con scadenze ricorrenti.
- Suddivisione delle attività in progetti e sottoprogetti.
- Integrazione con email e altri strumenti.

4. Microsoft To Do

Un'altra alternativa simile a Todoist, perfetta se utilizzi già altri prodotti Microsoft come Outlook.

Strumenti per il monitoraggio del tempo

5. RescueTime

RescueTime traccia automaticamente il tempo speso su app e siti web, fornendo statistiche dettagliate per capire dove stai perdendo tempo.

Come usarlo:

- Installa l'app sul tuo computer o smartphone.
- Analizza il report giornaliero per individuare distrazioni.
- Imposta obiettivi di miglioramento.

6. Clockify e Toggl

Entrambi sono strumenti di time tracking che permettono di registrare manualmente o automaticamente il tempo speso su ogni attività.

Come usarli:

- Inizia un timer quando inizi un'attività e fermalo alla fine.
- Analizza il tempo dedicato a ogni cliente o progetto.
- Usa i report per ottimizzare il tuo flusso di lavoro.

Strumenti per eliminare le distrazioni

7. Forest

Un'app che aiuta a rimanere concentrati: ogni volta che inizi una sessione di lavoro, pianti un albero virtuale. Se lasci l'app per distrarti, il tuo albero muore.

8. Freedom e Cold Turkey

Blocca siti web e app per evitare distrazioni durante le ore lavorative.

Strumenti per l'automazione

9. Zapier e IFTTT

Questi strumenti automatizzano processi tra diverse app. Ad esempio, puoi configurare un'azione per salvare automaticamente gli allegati delle email in Google Drive.

Esempi pratici:

- Salvare automaticamente le email importanti in un database Notion.
- Creare promemoria basati su eventi del calendario.

10. TextExpander

Un tool per risparmiare tempo digitando testi predefiniti con scorciatoie. Utile per risposte standard a email o messaggi ai clienti.

Quale strumento scegliere?

La scelta dello strumento giusto dipende dal tuo stile di lavoro e dalle tue esigenze. Ecco alcune domande che puoi porti per decidere:

- Hai bisogno di un'app per organizzare progetti complessi? → **Asana o Trello.**
- Vuoi semplificare la gestione delle attività quotidiane? → **Todoist o Microsoft To Do.**
- Ti distrai facilmente sui social media? → **Freedom o Forest.**
- Vuoi tracciare il tempo lavorativo per capire dove migliorare? → **RescueTime o Clockify.**

Sperimenta diverse soluzioni e scegli quelle che si integrano meglio nel tuo flusso di lavoro.

Come integrare questi strumenti nella routine

Una volta scelti gli strumenti, è importante integrarli efficacemente nella tua routine:

1. **Definisci una strategia chiara.**
   - Decidi in che modo utilizzerai ogni strumento.
   - Evita di usare troppi strumenti per non creare confusione.
2. **Automatizza processi ripetitivi.**
   - Usa Zapier per collegare email, task manager e calendari.
   - Imposta promemoria e scadenze automatiche.
3. **Monitora e ottimizza.**
   - Analizza i dati forniti da RescueTime e Clockify.
   - Rivedi periodicamente il tuo sistema di gestione del tempo.

Adottare gli strumenti giusti può migliorare notevolmente la produttività e ridurre lo stress. Con una gestione efficace del tempo, potrai concentrarti sulle attività che contano davvero per la tua carriera da freelance.

Capitolo 3: Tecniche di Gestione del Tempo

L'importanza di una gestione efficace del tempo

Per un freelance, il tempo è la risorsa più preziosa. Senza un capo che assegna compiti e orari fissi, è fondamentale saper strutturare la propria giornata in modo efficace. Una cattiva gestione del tempo può portare a stress, ritardi e perdita di opportunità lavorative. In questo capitolo esploreremo le migliori tecniche di gestione del tempo che possono aiutarti a essere più produttivo senza sacrificare il tuo benessere.

La regola del 80/20 (Principio di Pareto)

Il principio di Pareto afferma che l'80% dei risultati deriva dal 20% delle attività. Questo significa che non tutte le attività hanno lo stesso impatto sul successo del tuo lavoro. Per applicarlo efficacemente:

1. **Identifica il 20% delle attività che generano l'80% dei tuoi risultati** (es. trovare nuovi clienti, lavorare su progetti redditizi, migliorare le proprie competenze).

2. **Dai priorità a queste attività rispetto a quelle meno impattanti** (es. rispondere a email non urgenti, controllare continuamente i social media).

3. **Elimina o delega le attività a basso valore** per liberare tempo per ciò che conta davvero.

La tecnica del Pomodoro

La tecnica del Pomodoro è un metodo di gestione del tempo che suddivide il lavoro in intervalli di 25 minuti (chiamati "Pomodori") seguiti da una pausa di 5 minuti. Dopo quattro sessioni, si prende una pausa più lunga di 15-30 minuti.

Come applicarla:

1. Scegli un'attività da completare.

2. Imposta un timer su 25 minuti.

3. Lavora senza interruzioni fino allo scadere del tempo.

4. Fai una pausa di 5 minuti.

5. Dopo quattro cicli, prenditi una pausa più lunga.

Questa tecnica aiuta a mantenere alta la concentrazione, ridurre le distrazioni e prevenire l'affaticamento mentale.

Time Blocking: suddividere la giornata in blocchi di tempo

Il Time Blocking consiste nel suddividere la giornata in blocchi di tempo dedicati a specifiche attività. Questo aiuta a evitare di sprecare tempo su attività secondarie.

Esempio di pianificazione con Time Blocking:

- **8:00 - 9:00** → Controllo email e organizzazione della giornata.
- **9:00 - 12:00** → Lavoro su progetti prioritari.
- **12:00 - 13:00** → Pausa pranzo e relax.
- **13:00 - 15:00** → Task secondarie (revisione, riunioni, email).
- **15:00 - 17:00** → Completamento di attività creative o strategiche.

Il vantaggio principale è che si evitano interruzioni e si riesce a mantenere la concentrazione su compiti specifici.

La matrice di Eisenhower: distinguere l'urgente dall'importante

Spesso si confonde l'urgenza con l'importanza. La **Matrice di Eisenhower** aiuta a distinguere i compiti secondo quattro categorie:

1. **Importante e urgente** → da fare subito.
2. **Importante ma non urgente** → da pianificare.
3. **Non importante ma urgente** → da delegare.
4. **Non importante e non urgente** → da eliminare.

Esempio:

- **Importante e urgente**: una scadenza imminente per un cliente.

- **Importante ma non urgente**: migliorare il proprio sito web o aggiornare il portfolio.
- **Non importante ma urgente**: rispondere a email poco rilevanti.
- **Non importante e non urgente**: scorrere i social media senza uno scopo preciso.

La regola dei due minuti

La regola dei due minuti, ideata da David Allen, suggerisce che se un compito richiede meno di due minuti per essere completato, andrebbe fatto subito invece di rimandarlo. Questo aiuta a ridurre l'accumulo di piccole attività che, nel tempo, possono diventare fonte di stress.

Esempi di compiti da completare immediatamente:

- Rispondere a un'email veloce.
- Pagare una fattura online.
- Archiviare un documento.

La regola del 1-3-5

Questa tecnica prevede di pianificare la giornata scegliendo **1 compito grande, 3 medi e 5 piccoli**. Questo metodo aiuta a gestire il carico di lavoro senza sentirsi sopraffatti.

Esempio di applicazione:

- **1 compito grande** → Scrivere un articolo per un blog.
- **3 compiti medi** → Aggiornare il sito web, rispondere ai clienti, fare una chiamata importante.
- **5 compiti piccoli** → Controllare email, pagare una fattura, leggere un articolo di settore, organizzare la scrivania, impostare un promemoria.

L'importanza delle pause e della gestione dell'energia

Lavorare senza sosta non è sinonimo di produttività. Le pause programmate aiutano a mantenere alti i livelli di energia e concentrazione.

Tipi di pause utili:

- **Pause attive**: fare stretching, camminare, fare esercizi di respirazione.

- **Pause mentali:** ascoltare musica rilassante, meditare, fare una breve lettura.

Un buon equilibrio tra lavoro e riposo previene il burnout e migliora la qualità del lavoro.

Come scegliere la tecnica giusta

Non tutte le tecniche funzionano per tutti. Sperimenta diverse strategie e adatta il metodo in base alle tue esigenze. Ecco alcune domande da porti per scegliere la tecnica più adatta:

- **Hai difficoltà a rimanere concentrato per lunghi periodi?** → Prova la Tecnica del Pomodoro.
- **Ti senti sopraffatto da troppe attività?** → Usa la Matrice di Eisenhower o la regola del 1-3-5.
- **Vuoi eliminare il tempo sprecato?** → Applica il Principio di Pareto e la regola dei due minuti.

Integra queste tecniche nel tuo flusso di lavoro e monitora i risultati. Con una buona gestione del tempo, potrai lavorare meglio, guadagnare di più e ridurre lo stress.

Capitolo 4: Come Evitare il Burnout

Introduzione

Il burnout è una delle maggiori minacce per un freelance. Senza una chiara separazione tra vita lavorativa e personale, il rischio di esaurimento mentale ed emotivo è elevato. In questo capitolo esploreremo strategie pratiche per riconoscere, prevenire e combattere il burnout.

Cos'è il burnout e come riconoscerlo

Il burnout non è solo stanchezza, ma un vero e proprio stato di esaurimento cronico. I sintomi includono:

- Affaticamento costante.
- Perdita di motivazione e produttività.
- Difficoltà a concentrarsi.
- Irritabilità e stress elevato.
- Problemi di salute come insonnia, mal di testa e tensione muscolare.
- Senso di distacco emotivo dal lavoro e dai clienti.
- Riduzione della qualità del lavoro svolto.

Se riconosci questi segnali, è importante intervenire tempestivamente per evitare che la situazione peggiori.

Le cause principali del burnout nei freelance

I freelance affrontano sfide uniche che possono contribuire al burnout:

- **Mancanza di separazione tra lavoro e vita privata**: lavorare da casa rende difficile staccare mentalmente.
- **Carico di lavoro eccessivo**: accettare troppi progetti per paura di perdere opportunità.
- **Pressione economica**: l'incertezza finanziaria porta a lavorare senza pause.
- **Mancanza di interazione sociale**: lavorare da soli può far sentire isolati.

- **Gestione inefficace del tempo**: cattiva organizzazione porta a stress e sovraccarico.

Essere consapevoli di queste cause aiuta a trovare soluzioni efficaci per prevenire il burnout.

Strategie per prevenire il burnout

1. Impostare confini chiari

Una delle migliori strategie per prevenire il burnout è stabilire limiti netti tra lavoro e vita privata:

- Definisci un orario di lavoro fisso e rispettalo.
- Crea uno spazio di lavoro separato dal resto della casa.
- Evita di controllare email o notifiche fuori dall'orario lavorativo.

2. Fare pause regolari

Lavorare senza pause riduce la produttività e aumenta il rischio di burnout. Utilizza tecniche come il Pomodoro per alternare momenti di lavoro e riposo. Anche pause brevi di 5 minuti possono ridurre lo stress.

Esempi di pause efficaci:

- Uscire a fare una passeggiata.
- Fare stretching o esercizi di respirazione.
- Bere una tisana o ascoltare musica rilassante.

3. Delegare e automatizzare

Molti freelance cercano di fare tutto da soli, ma questo porta rapidamente al sovraccarico. Per alleggerire il carico di lavoro:

- **Automatizza le attività ripetitive** con strumenti digitali (es. risposte automatiche alle email, fatturazione automatica, gestione dei social media con tool come Buffer o Hootsuite).
- **Esternalizza le attività secondarie** come contabilità, grafica o gestione clienti se possibile.
- **Collabora con altri professionisti** per dividere i compiti più impegnativi.

4. Bilanciare lavoro e tempo libero

Non si può essere produttivi senza un adeguato equilibrio tra lavoro e svago. Alcuni modi per rilassarsi e ricaricarsi includono:

- Dedicare tempo agli hobby (sport, lettura, musica, ecc.).
- Staccare completamente dal computer e dallo smartphone almeno un'ora prima di dormire.
- Trascorrere tempo con amici e familiari per evitare l'isolamento.

5. Imparare a dire di no

Molti freelance accettano qualsiasi incarico per paura di perdere opportunità, ma dire sempre sì porta all'esaurimento. Alcuni consigli per imparare a rifiutare lavori senza sensi di colpa:

- Valuta ogni progetto in base al tempo e alle risorse disponibili.
- Dai priorità ai lavori più redditizi o stimolanti.
- Se hai troppi impegni, declina con gentilezza o suggerisci una data più lontana.

6. Praticare la gestione dello stress

Oltre alla gestione del tempo, è fondamentale trovare strategie per ridurre lo stress quotidiano:

- **Meditazione e mindfulness**: anche solo 10 minuti al giorno migliorano la concentrazione e il benessere mentale.
- **Attività fisica regolare**: camminare, correre o praticare yoga aiuta a rilasciare tensione.
- **Scrivere un diario**: annotare pensieri e preoccupazioni può aiutare a mettere ordine nella mente.

7. Monitorare il proprio benessere

Il burnout non arriva all'improvviso, ma si sviluppa nel tempo. Per prevenirlo, è utile monitorare regolarmente il proprio stato emotivo e fisico.

Strumenti utili:

- Tenere un diario delle emozioni.
- Usare app di monitoraggio del benessere (es. Moodfit,

Daylio).

· Fare una valutazione settimanale del livello di stress e affaticamento.

Cosa fare se si è già in burnout

Se senti di essere vicino al burnout, ecco alcuni passi concreti per riprendersi:

1. **Fermati e prenditi una pausa**: anche solo un paio di giorni di riposo possono fare la differenza.

2. **Riduci il carico di lavoro**: posticipa gli impegni meno urgenti e concentrati su ciò che è davvero necessario.

3. **Parla con qualcuno**: confrontarsi con colleghi, amici o un professionista può aiutarti a trovare nuove prospettive.

4. **Rivedi il tuo approccio al lavoro**: considera di riorganizzare la tua giornata o di adottare nuove tecniche di gestione del tempo.

5. **Dedicati ad attività che ti fanno stare bene**: riprendere un hobby o trascorrere tempo nella natura può aiutarti a recuperare energie.

Evitare il burnout non significa solo lavorare meno, ma lavorare meglio. Implementando strategie di gestione del tempo, pratiche di benessere e una buona organizzazione, puoi mantenere alta la tua produttività senza compromettere la tua salute mentale e fisica.

Ricorda: il successo di un freelance non si misura solo dal numero di progetti completati, ma anche dalla qualità della vita che riesce a mantenere. Prenderti cura di te stesso è il miglior investimento che puoi fare per il tuo futuro professionale e personale.

Capitolo 5: Piano d'Azione in 7 Giorni

Ora che hai acquisito una panoramica completa della gestione del tempo, delle priorità e delle tecniche per evitare il burnout, è il momento di mettere tutto in pratica. L'adozione di nuove abitudini richiede tempo e consistenza, quindi il nostro obiettivo in questo capitolo è fornirti un piano d'azione dettagliato di 7 giorni. Ogni giorno ti concentrerai su una parte del processo di gestione del tempo per creare una routine che ti aiuti a lavorare in modo più produttivo e meno stressante.

Questo piano ti aiuterà a integrare gradualmente le strategie e gli strumenti di gestione del tempo nel tuo lavoro quotidiano, permettendoti di ridurre lo stress e aumentare i tuoi guadagni in modo sano e sostenibile.

Giorno 1: Analizza la tua routine attuale

Il primo passo per migliorare la gestione del tempo è capire dove stai spendendo effettivamente il tuo tempo. Durante il primo giorno, dedicati a monitorare le tue attività quotidiane. Può sembrare una parte noiosa, ma è fondamentale per identificare le aree di miglioramento.

Cosa fare:

- **Tieni un diario del tempo**: Scrivi tutto ciò che fai durante la giornata, dalla mattina alla sera. Annota quanto tempo spendi in attività lavorative, ma anche in pause, social media e altre distrazioni.

- **Valuta i tuoi obiettivi e le tue priorità**: Rivedi ciò che hai fatto e chiediti: "Queste attività sono allineate con i miei obiettivi principali?" Se alcune attività non sono pertinenti, potresti considerare di delegarle o eliminarle.

- **Identifica le aree problematiche**: Osserva dove perdi più tempo, ad esempio, se sei distratto dai social media o dai piccoli compiti che non sono prioritari.

Strumenti utili:

- **App di monitoraggio del tempo**: Puoi usare strumenti come RescueTime o Toggl per monitorare e analizzare come trascorri il tuo tempo.

- **Diario cartaceo o digitale**: Se preferisci qualcosa di più manuale, prendi nota in un quaderno o in un'app di gestione delle attività.

Obiettivo: Entro la fine del giorno, avrai una chiara visione delle tue abitudini e degli sprechi di tempo. Questo ti permetterà di agire consapevolmente per migliorare la tua produttività.

Giorno 2: Definisci le tue priorità

Un altro passo cruciale per una buona gestione del tempo è stabilire chiaramente le tue priorità. Senza una gerarchia di obiettivi, rischi di concentrarti su attività che non portano valore al tuo lavoro o alla tua vita personale.

Cosa fare:

- **Crea una lista di priorità**: Scrivi tutte le tue attività, sia professionali che personali. Poi ordinale in base alla loro importanza e urgenza. Usa la **matrice di Eisenhower** per decidere cosa fare subito, cosa delegare, cosa pianificare e cosa eliminare.

- **Focalizzati sugli obiettivi a lungo termine**: I tuoi progetti più rilevanti (come aumentare il reddito o sviluppare competenze specifiche) dovrebbero essere la tua priorità principale. Non farti distrarre da compiti che non contribuiscono ai tuoi obiettivi principali.

- **Imposta obiettivi SMART**: Definisci obiettivi che siano Specifici, Misurabili, Achievabili (raggiungibili), Realistici e Temporizzati. Questo ti aiuterà a essere chiaro su cosa devi fare e quando.

Strumenti utili:

- **Matrice di Eisenhower**: Puoi creare una semplice tabella con 4 sezioni (urgente, non urgente, importante, non importante).

- **App di gestione delle attività**: Strumenti come Todoist o Microsoft To Do ti aiuteranno a tracciare e rivedere i tuoi obiettivi.

Obiettivo: Entro la fine del giorno, avrai definito chiaramente le tue priorità e capito dove concentrare la tua energia per ottenere i migliori risultati.

Giorno 3: Ottimizza la gestione del tempo

Ora che hai chiarito le tue priorità, è il momento di migliorare il modo in cui organizzi il tuo tempo. Oggi lavorerai sull'ottimizzazione delle tue routine quotidiane e sull'introduzione di tecniche di gestione del tempo che ti aiuteranno a lavorare in modo più efficiente.

Cosa fare:

. **Implementa il Metodo Pomodoro:** Questo metodo consiste nel lavorare per 25 minuti con piena concentrazione, seguiti da una breve pausa di 5 minuti. Dopo quattro cicli di lavoro, fai una pausa più lunga di 15-30 minuti.

. **Fai una pianificazione settimanale:** Dedica 10-15 minuti al mattino o la sera per pianificare la tua giornata. Organizza il tuo lavoro in base alle priorità che hai definito.

. **Evita il multitasking:** Concentrati su una sola attività alla volta. Il multitasking può sembrare produttivo, ma in realtà diminuisce la tua efficienza e aumenta il rischio di errori.

Strumenti utili:

. **Timer Pomodoro:** Puoi usare applicazioni come Focus Booster o Marinara Timer per gestire i tuoi cicli di lavoro e pausa.

. **Calendari digitali:** Usa strumenti come Google Calendar per bloccare il tempo per ogni attività.

Obiettivo: Entro la fine del giorno, avrai integrato il Metodo Pomodoro nella tua routine e comincerai a notare miglioramenti nella tua produttività.

Giorno 4: Introduci strumenti e app utili

Le tecnologie moderne possono semplificare enormemente la tua gestione del tempo. Oggi, ti concentrerai sull'implementazione di strumenti che ti aiutano a tenere traccia delle tue attività, automatizzare compiti ripetitivi e migliorare l'efficienza.

Cosa fare:

- **Esplora nuove app**: Prova applicazioni come Trello per la gestione dei progetti, Slack per la comunicazione con i clienti e Asana per la gestione delle attività.

- **Automatizza i processi ripetitivi**: Usa strumenti come Zapier per automatizzare compiti come l'invio di email di follow-up o la gestione delle fatture.

- **Semplifica la gestione delle finanze**: Utilizza app come QuickBooks o FreshBooks per la gestione delle tue entrate e uscite. Questo ti aiuterà a evitare di perdere tempo con compiti contabili complessi.

Strumenti utili:

- **Trello** per il project management.

- **Zapier** per automatizzare i flussi di lavoro.

- **Slack** per una comunicazione rapida e centralizzata.

Obiettivo: Entro la fine della giornata, avrai integrato almeno uno strumento digitale nel tuo flusso di lavoro quotidiano e avrai imparato a utilizzare una funzione di automazione.

Giorno 5: Migliora il bilanciamento tra lavoro e vita privata

Per essere produttivi, è essenziale avere un equilibrio sano tra lavoro e vita privata. Oggi lavorerai su come trovare questo equilibrio e prevenire il burnout.

Cosa fare:

- **Imposta confini chiari**: Se non l'hai già fatto, stabilisci orari di lavoro fissi. Dedica tempo esclusivamente al lavoro durante l'orario stabilito e goditi il tempo libero senza interferenze.

- **Crea un ambiente di lavoro ottimale**: Se lavori da casa, assicurati di avere uno spazio dedicato, separato dalle aree di relax.

- **Dedicati a te stesso**: Oggi dedica almeno un'ora a un'attività che ti piace, come fare una passeggiata, leggere un libro o fare esercizio fisico.

Strumenti utili:

- **Google Calendar** per bloccare gli orari di lavoro e di pausa.
- **Headspace** per meditazioni e mindfulness.

Obiettivo: Entro la fine della giornata, avrai creato una routine che separa efficacemente il lavoro dal tempo libero, riducendo il rischio di burnout.

Giorno 6: Automatizza e delega compiti ripetitivi

Il giorno 6 è dedicato all'automazione e delega. Questi strumenti ti aiuteranno a ridurre il carico di lavoro quotidiano e ad avere più tempo per concentrarti sulle attività importanti.

Cosa fare:

- **Automatizza la gestione delle email**: Utilizza risposte automatiche o filtri per gestire le email in modo efficiente. Usa modelli per risposte rapide e risparmia tempo.
- **Delegare compiti secondari**: Se possibile, esternalizza alcune attività. Pensa a chi potrebbe aiutarti con la gestione della contabilità o il marketing.
- **Semplifica il flusso di lavoro**: Usa strumenti come IFTTT per creare automazioni che collegano diverse app (es. crea automaticamente un evento nel calendario quando ricevi una email da un cliente).

Strumenti utili:

- **Mailchimp** per l'automazione delle email.
- **Fiverr** o **Upwork** per delegare compiti esterni.

Obiettivo: Entro la fine del giorno, avrai automatizzato almeno una parte del tuo lavoro e delegato un'attività che non richiede la tua attenzione diretta.

Giorno 7: Rivedi e adatta il tuo piano

L'ultimo giorno è dedicato a rivedere il tuo piano d'azione e adattarlo alle tue esigenze. Ogni persona ha un flusso di lavoro diverso, quindi è importante personalizzare le tecniche che hai appreso.

Cosa fare:

- **Analizza i progressi**: Rivedi il diario del tempo che hai tenuto nei primi giorni e analizza come sono cambiate le tue abitudini.

- **Aggiusta le tecniche che non funzionano**: Se alcune strategie non ti sembrano adatte al tuo stile di lavoro, sostituiscile con altre. La flessibilità è fondamentale.
- **Fissa nuovi obiettivi**: Ora che hai una base solida, imposta obiettivi a lungo termine per migliorare ulteriormente la tua gestione del tempo.

Strumenti utili:

- **Diario del tempo** per monitorare i progressi.
- **Obiettivi SMART** per definire nuove mete.

Obiettivo: Entro la fine del giorno, avrai adattato il tuo piano per massimizzare l'efficacia delle tue abitudini.

L'adozione di un piano d'azione di 7 giorni è solo l'inizio del viaggio verso una gestione del tempo efficace. La costanza è la chiave: continua a monitorare i tuoi progressi, adattati quando necessario e cerca sempre di migliorare. Con il tempo, vedrai crescere non solo la tua produttività, ma anche la qualità della tua vita come freelance.

www.ingramcontent.com/pod-product-compliance
Lightning Source LLC
Chambersburg PA
CBHW061100050326
40690CB00012B/2685